FIEBRE

ÆREA | *carménère*

Luís Valle

Fiebre

861   Valle, Luís
V   Fiebre / Luís Valle -- Riells i Viabrea : RIL
      editores -Ærea | Carménère, 2025.

      60 pág. ; 23 cm.

      ISBN: 978-84-10248-35-9

   1 POESÍA ESPAÑOLA. 2 LITERATURA ESPAÑOLA.

ÆREA | *carménère*

Serie fundada por Eleonora Finkelstein y Daniel Calabrese
Edición al cuidado de Paco Najarro

FIEBRE
· Primera edición: enero de 2025

© Luís Valle, 2025

© Ærea, 2025

Un sello de RIL® editores
SEDE SANTIAGO DE CHILE: Los Leones 2258 • CP 7511055 Providencia
☎ (56) 22 22 38 100 • ril@rileditores.com • www.rileditores.com

SEDE VALPARAÍSO • valparaiso@rileditores.com

SEDE ESPAÑA • europa@rileditores.com

Composición e impresión: RIL® editores
Diseño de colección: Marcelo Uribe Lamour
Imagen de portada: Hoshino Ai

Impreso en España • *Printed in Spain*

ISBN: 978-84-10248-35-9
Depósito Legal: GI 31-2025

NOTA DE LECTURA

Fiebre es la versión en español de *As asuras* (Barbantesa, 2023). Sobre este se ha dicho que «es un poemario de la sed, una escritura febril, de temperatura abrasadora que hace que la lectura atraviese la cerna de los huesos, una epifanía que nos abre a la comprensión de los límites del cuerpo y el ser» (Armando Requeixo, El Ideal Gallego) y que su arquitectura formal «se caracteriza por una singularidad notable, puesto que lo que se desarrolla es un único poema que podríamos llamar el particular Bloomsday de Valle, pero infernal. Un día en el infierno con paradas o estaciones marcadas por el registro horario» (Oriana Méndez, Faro de Vigo).

Ambas críticas: la de Requeixo y la de Méndez, fueron originalmente escritas en gallego y reflejan aspectos esenciales de esta obra con la que Luís Valle dio por cerrado el primer ciclo largo de su creación lírica. Un período de veinticinco años de escritura marcado —en palabras de la propia Méndez— «por los galardones, el reconocimiento crítico y, en definitiva, un riguroso y altamente interesante trabajo de lenguaje poético».

A Cristian, que cumplió su sueño.

A aquel que fui y dejé de ser.

Todos los sueños siguen a la boca.

Talmud, Berakhot 55b

00:00 horas [catorce de julio de mil novecientos setenta y siete, jueves]. Nacer a la muerte tal día como hoy. Los párpados boquean fatigados por la luz. Sólo el gallo canta. Y sólo canta una vez. **00:03** Estoy ocupando un país en guerra. Estoy ocupado por un país en guerra. La mácula ilumina la cama con un hechizo de sílabas. En mi cerebro, se esconden los significados. Cuatro veces al año, los electrodos miden el campo de batalla. **00:10** El desgaste de la luz designa lo que nunca fue puro y perfecto. Sobre la belleza de los dedos mutilados y el donaire ofrecido por la luz, adivino la triste progresión de las balas. Prosiguen sílabas mudas, olvidadas tipografías afinadas en alguna casa de Maguncia. El paisaje borbónico en el cerebro traza un surco de nubes sucias. Me acerco a un sol casi en blanco y la tierra tiene ahora el color del trigo robado a los muertos: la limpia realidad de la inexistencia. **00:17** Dichoso el que lee, escucha y calla. **00:21** Un gramo de luz se agita en la penumbra del ojo. Se despoja, me despoja, de efecto y motivo. **00:22** La incomodidad reparte el aliento de las palomas hartas por las esquinas de la cama. Afluye a mis espaldas una vejez familiar: los tegumentos ulcerados en la palabra piedra. Las avispas enhebran las flores y encienden el olor de la palabra ahora: lugar hostil, filo de navaja. **00:32** [El legrado, la sutura bajo los amplios cielos de China]. Soy el corazón del carrizo que escribe un largo poema sobre el aire de la provincia de Shaanxi y luego explota. [...] **00:40** Contemplo el cuerpo zapado al borde de la palabra cama. Olvido cada movimiento. Olvido la luz. Olvido los ojos. [...] Luego, olvido los párpados y todo lo que lleva más lejos. Olvido las preguntas. Olvido el ombligo. Olvido las piernas. [...] Luego, pierdo las pestañas, y pierdo el hogar y pierdo el cielo. [...] No importa que en el centro roñe una calandra muerta. Que en aquel lugar el silencio trille el destino con la rosada excitación del gibón en celo. Que nunca cejen los reproches, y el desierto medre en una sola noche, y el cerebro sea inexpugnable cifra de miedos y los oídos, mugrientas islas de cera vomitando abismo, designando por igual *pájaro* y *cielo*. Atados ambos por mi cordel de ausencia. **00:59** [Mar de fondo]. Cruzo un trecho de nubes pardas: sin salida. ¿Hay o no hay nuevos caminos? [...] Entre las sílabas de la palabra lecho brilla una luna paralítica. No hay dolor. Todo el cuerpo está abrazado a la palabra dolor. No hay dolor: *A beleza do lume atrapa á lebre*. [...] **02:09** La habitación semeja un deseo anterior, una pintura ciega. Huele a acetona, a dios agrio. ¿Dónde está la osita? ¿Y adónde fueron los fantasmas? [...] Algo comienza con esas pérdidas. Ningún tiempo y todo el silencio sobre las primeras sábanas de Rorschach. [...] La nada presentida prende muerte sobre esas sábanas trufadas con grandes flores —calas de ocre Cristo—, divinas. 02:43 [Enuresis nocturna. ¡Odio mi cuerpo!]. La palabra resistencia suena inútil en la cama. Algunas lágrimas trepan por el pecho hacia la D de la palabra desprecio. Siento el cuerpo borroso, desleído, la efracción inicial de la A en el verso *Ad claras Asiae volemus urbes* y la incomodidad de la baba en las comisuras de los delatores. La alegría sólo comienza: se hace vida. Algunos ángeles danzan con la boca llena sobre la S de la palabra suicidio. **02:47** Estoy invadido de girasoles roñosos, de zorzales adictos que beben de mí hasta el latido que marra. El jaro, los berros y la dedalera van sintiendo el indelicado beso de la oruga; reconociendo la memoria por los bordes de la destrucción. **02:53** [Regresión, un rostro familiar me hace señales entre dos espejos]. El pabellón número 5 del hospital de Lainz es un infierno donde aún huelen las flores. **03:20** [Trismo atroz. Me ahogo en la fuente de afasia]. El dolor deslinda el cuerpo de la palabra luz. El dolor desliza el cuerpo hacia un fondo de miradas sin fondo. Hay marea de narices rotas en la mesa de noche, risas memorables hasta el sarro de las derrotas. El aire comienza a virar; fermenta la fronda. Las jaulas se mueven por mis ojos como mecanismos amnésicos. […] **03:32** Una vez amé todos los nombres donde se puede dormir a un pájaro. Ahora, un deseo menos exigente bruñe la pena. **03:40** Todo mi cuerpo es lenguaje: barco de venenos. Filas de ojos estucados en la remuda de olas arden bajo el vuelo de los grandes albatros. Así es la gloria de los pescadores y así será el fondo del glaciar. Oscuro y transparente como escribir *cruces sedientas*. Oscuro y obsceno como escribir *gallineros negros*. **04:01** Desolación a cada instante, en cada ángulo de la cama. Las cicatrices del espejo pliegan alas ante el rayo equinoccial. El techo pinta el sudor de una luz que delira. El sol del Salmista descuaja los hielos. *¡¿Qué será de nuestros hijos?!* —gritan los pescadores—, *¡EL GLACIAR!* **04:04** Un himno vendimia las heridas. Me quedo un poco párpado en sueños, un poco temblor de águila con los hombros quemados. Siento un bronce de vírgenes, y un rodar de albas y una procesión de posibilidades.

Hay botellas vacías con deliciosos cuerpos tatuados; nalgas y vergas ocupan ahora todos los minutos del mundo. Marzo avanza hacia el buril y graba en mi cuerpo una realidad que ya no se parece a los nombres que graba. El miedo anda comiéndole la uña a la tarde. El viento peregrina por las piedras hasta el extravío de la palabra cielo. 04:11 [La mano amorfa, el dedo muerto. Babinski, ¿estás ahí?] La axila de la sepulturera tiene la pureza de los primeros glaciares. La palabra dalia siempre precede a una idea virtuosa. [...] El cielo está cosido a la ausencia de la palabra promesa. La bala entra en la boca con el precio de la palabra dolor. Sentado a la sombra de los muletos ciegos, el vértigo de los nombres mueve la nostalgia de Homero por las líneas. Princesas de un solo ojo golpean el vacío de la cama. La palabra horizonte es sólo otra forma de caer. 04:27 Orquídea: la propia palabra mancha a la flor. 04:28 [Guiñar un ojo; observar la lámpara]. Pensado en profundo, este rayo acabará por clavarme demasiado lejos de mí: en un lugar que nunca llegue a ser, en una imagen que nunca termine de decirse. 05:00 [Estupor. El cuerpo es el paisaje de un lienzo roto de Chagall]. De aquí parten mirlos y pimpines, gorriones y chorlitos desquiciados por los filos de la palabra delirio. **05:18** [Patadas al corazón hasta el limbo blanco]. La cabeza impide la dulzura en esta cama con exceso de viento. El ojo trata de pintar papagayos que de nuevo atrapen al fantasma. Octubre revoca los designios. Las calles ya no prometen nuevas ceremonias de amor. Ningún pie predica nuevos caminos. Bebo de la boca de la dama Sueño. Legiones de hormigas hinchadas pronuncian sin orden las sílabas de la palabra deseo. Mi cuerpo crece en el espejo. Mi cuerpo no es ya ese cuerpo que ofrece el espejo, pero es aún ese cuerpo que ofende al espejo. [Intenso olor a gasolina].

Mi cuerpo arde en el espejo. **06:00** [Alguien ladra. Polvo, verdad y yerros bajo los mismos pasos]. El armario guarda un recuerdo de agua estancada y mala conciencia. Contiene a la madre, milagrosamente dormida, y al padre, que se tatúa en el pecho la cuenta de Malgasta, el dolor y la renuncia. Ambos son luz tras luz y aman como sólo saben amar los ciegos. **06:07** La ventana es un recuerdo de la habitación anterior. La ventana será después hogar del precipicio. La cama está ardiendo y nadie aleja lo suficiente de mí las cartas quemadas. **06:09** La flecha danza en mis ojos como un rito tariqa a las 06:09 de la mañana y recorre pulcramente el trazo de la palabra río. La saeta avanza suave, como el balbucir de la niebla de Bashō ante la primera sílaba de la palabra vida. **06:34** Atravieso un tiempo de grandes manchas. Contemplo el sueño de un faisán muerto que es un beso de ceniza, que fue un cardo arrancado de la lengua de Lot. Resisto la risa de los grandes ríos: su afluencia de credos. [...] La fiebre es por igual la trucha y el río que ahoga a la trucha... Hay una fresquísima máscara mortuoria portada por alguien que, detrás de mí, flota sin sexo y, en un solo instante, me sueña y contempla, me cubre y olvida. **06:39** [*A m'arcòrd.*

Bebo luces en mi catedral de fiebre]. Los venenos, las hidátides y los vermes, los perros de Vilna y las gatas de Bizancio, las ratas hunas y los gatos egipcios danzan con las letras de la palabra historia. *Amor, conquistas* y *sangre* se escriben inclinando igual el mismo cálamo. [...] Desde el techo, la mosca de Heródoto contempla los posibles caminos de mi cuerpo. Explica: *Son como ríos intermitentes cayendo entre las sílabas de la palabra soga.* 06:58 [Llueve a través del arrullar de la lluvia. Campo arriba va una mula sobrecargada de Dios]. Hay algo de panizo y llanto sobre los predios anegados de mayo que la bestia estruja con pasmoso ritmo. Regreso a la estima de la luz para comprender la oscura transformación de los frutos. **07:03** Nada vigila el pensamiento; el frío llena la palabra paloma de paredes pintadas por la nieve. Nada vigila el pensamiento; la transparencia es un rito incrustado en la boca de Aretusa. Despierto. Imposible hallar aún esa palabra: [...]. Escucho la nieve. **07:10** [Persevero. Mar de fondo]. Unas sílabas entran en otras hasta la fatiga de la boca. Luego, unas sílabas descansan en otras hasta la comprensión física de la palabra amor. Apenas plausible, el río trepa por la pierna de la cariátide como un verme de luz hacia el nudo de

Grecia. **07:23** [*Portico all'aperto*. El fuego es tan sólo una picada de rosa sobre un puro paisaje de landa]. Hay arcos bebidos en lento horror de ruina, imperios arrodillados ante la palabra termes. [...] Los zopilotes van devorando en secreto el cielo de las palomas de Dodona bajo el primer cielo. **07:27** Conciencia: estimación de los frutos. **07:30** [Pródromos]. Permanezco ante una lámpara de letras perdidas. Pinto ese suave ruido de pinceles con la espina de la palabra rosa. Remuevo silenciosamente las barcas. [...] Delgadísimos acólitos recorren mi cama en busca de venenos. Hay rostros corcovados en el ojo semiabierto del vigía, harina sin sentido y osamentados abrazos abrazándose con miedo. Trago el recuerdo recordado de este bosque boqueado por la oruga borracha que sueña con otra, más borracha y hermosa, oruga borracha. [...] Trago el recuerdo de las mañanas con la disciplina de la luz que limpia el sueño. Creo la ausencia: el vuelo rectilíneo de las palomas pálidas. 07:38 [Hifema, hora de grandes sacrificios]. El eclipse coincide aquí con un silencio de Dios. El dolor se vuelve violento: escamadura, pausa de sílabas. *¡Trocitos de niñas!* —gritamos— *¡Trozos! ¡Trozos de niñas sobre esta flecha yerta de horizontes!* [...] La luna ladra sobre la lepra de la piedra. La palabra océano hierve estrellas. **07:51** [Regresión, olor a linaza y mimbre cortado]. Un banquete de versos devora el libro. **08:03** [Toma de Tegretol]. La rima al fondo del hambre. El ripio repetido hasta la presencia de la palabra frío. La baba procura una bala que no llega. El albedrío suaviza los signos hasta el nudo de la palabra soga. ¡Oh, muerte! ¡Boca de todos! ¡También yo aguardo para ser cruzado por los restos de las grandes palomas! **08:40** Una trama, una trampa y una piedra atadas al pecho. Luego, el techo, la apea y el dolor acordado. Después un nombre escrupulosamente borrado y una lágrima tres veces escrita en el cerebro, que sabe y calla a partir de qué color comienza la palabra cielo.

08:55 La tormenta está montada sobre mí. Es una gran tormenta: precisa caer. No se sabe dónde ni sobre quién. El infierno es un alivio. En el infierno no hay tormentas. El infierno es un alivio.

09:02 [*Portico all'aperto*]. Cerca del silencio, abrazo la luz caída de El Salado. Alguien quiere hacer de mí una hoguera de penas llamada mañana.

09:11 [Estupor, desconcierto]. Un corazón nervioso y lento mueve la mano del ángel y entorna la puerta. El cuerpo permanece mudo y rígido, como un tormo de carne majado en la cama.

Contemplo el techo... La sed es inmensa, de luz calcárea y colibrí a tranco blanco en el desierto. Hay vasos llenos de sangre, campos amarillos hasta el exterminio de las sílabas. Camino hacia el sol por fuera de mi cuerpo. Cuento los pasos dados, ¿cuántos? [...] **09:37** La luz es una torre hialina, una liebre casi borrada del paisaje. Colores malignos beben de mí hasta el llanto de la sierpe y el hilo de garzas. **09:45** Tengo el puño enredado en la llave de milagros. La gravidez de una estrella muerta luce en la cuchara como el día del juicio. El tirano avanza hacia mí por nudos de olvido. Su voz es fría e impura como la nieve de

los grandes hospitales, y augura: *Ninguna carta.*
09:52 [Constitución defectuosa, discordia]. Llevo una muñeca muerta en el vientre. Sus ojillos boquean una luna bruñida por el Sena, el aroma casi seco de las camelias en *Pont Neuf.* [...] Todo cambia: escamaduras, mordazas. Todo varía: posición, orden y sentido. El río torna al invierno por el pontón de lágrimas. La lengua adormece repitiendo el latido de la palabra muerte. **10:01** Ausencia: palimpsesto de quién al borde de la palabra nada. [...] Hace tanto frío que la princesa mira atenta el reloj esperando su paga de muerte: el cambio de hora. **10:23** [Regresión, dos de octu-

bre de mil novecientos ochenta y cuatro. Aroma a limón tascado]. Aquella tarde volé entre las sombras de dos olmos leprosos hasta el trismo de las espinas doradas. [Amnesia. Alguien trazó aquí otra línea de silencio]. [...] La mujer prendida al pecho del borracho contempla su ruido de muelas y rompe el río. 10:37 El paisaje son los muertos cruzando amplios campos de carrizo, como grandes mirlos vistos desde atrás. Algo huele a oscuro. Las antiguas taxonomías sólo existen en una hoguera de sábanas blanquísimas: mi cerebro. 10:40 El puño, las sombras y el nudo de estrellas. Nieva en la memoria, ¿en cuál?

[...] Cruzo la cama a hombros de un caracol melancólico. Comprendo al corazón que pide ser alejado de mi corazón. 10:57 [La abuela entra a la habitación. Lo no dicho]. El camino, las discrasias, el indubitable poder de la duda. Algunos paseantes empardecen en el sueño del albatros. La palabra sal abraza con saña la herida de los delatores. Un hatillo de luciérnagas fulge en el aprisco. Mácula podría ser el nombre de mi flor favorita este invierno, porque la palabra cielo está completa en tu rostro, pero aún cabe en mi boca, como una miga. 11:13 [*Cum adeo mirabilis ille morbus fit*. Los vasos ciegos]. Harto el ojo de ver y

el oído de oír, ruedo por los vasos ciegos hasta
que las llamas saltan la noche con el llanto del ga-
llo paralítico. Cruzo luego otra plaza tomada de
nalgas y vergas. San Pablo observa un instante el
cielo de Colosas a través de mis ojos. Me despier-
to en otro tiempo colmado de pausas. Me perdo-
no en otro horizonte que inclina los celos hacia el
lado de la música. ¿Existe alma? ¿Existe aurora?
[...] Parejas de soles inmolados entran en mí por
la pilosa llaga de la palabra fondo. 11:33 [Lienzo
de la miseria, espejo roto del primer dolor]. *El
grito del bebé tensa las manos de la partera. Arran-
carse los ojos no impide la hórrida entrada de voces,*

me oíste decir, dijiste. **11:42** Recorto los hechos.
Anoto puntualmente las sílabas. Describo esta
concreta disposición al cielo. Le llamo *fe*. Le llamo *angustia*. Limpio cada cuneta de caminos;
podo la higuera. Marañas de manos omnipresentes cubren el cuerpo con cáscaras de chinches
consumidas por la palabra deseo. Miro, miro
muy lentamente, por detrás de esa línea, cómo
medran los nudos negros. **12:00 pm.** El funeral
de la luz. **12:10** [Asura, el sólo yermo]. Contemplo los ojos de la madre y comprendo el miedo de
la loba que abre camino. **12:23** [Líquido cefalorraquídeo. Duermo en diagonal para separarme

algo de mi cuerpo]. [...] Soy un país más extenso que la mirada del águila, más lento que el buey de nieve. El sol habla de mi poco juicio y abrasa todo lo que resiste: sueño, silencio y piedra. [...] Abrazo mi cuerpo a un lado de la cama. Abrazo mi cuerpo al otro lado de la cama. Son la ruina y la esperanza de un mismo cielo. 12:32 [La tos, el vértigo laríngeo, el habitual caerme por las palabras]. El doctor es bueno. Revisa las notas con sus ojetes de sapo enfermo. No lo dice, pero piensa: *Cuando el ángel es un suicida, el cuerpo resulta ingobernable.* 12:47 ¡Oh, canto propio! ¡Canto preferido! Un molde negativo de mí rodea algunos siglos: un busto de cera. La mascota del diablo es la lengua rusa. [...] Soy la tragedia de lo que ocurre, de lo que nunca llega a ocurrir. **13:02** [*O ignis Spiritus paracliti*. Atravieso la luz del mes de Atir]. Latidos de ramas incendiadas fijan signos memorables a la córnea del ángel. ¿Por qué aún, ahí, el ángel? ¿Por qué ese redondo ojo inmóvil? [...] La paloma de Arquitas vuela por la cama con la pomposidad de las grandes medusas. Las estrellas tiemblan clavadas a la máscara de la luz. **13:13** Leo una carta escrita al sol. Ningún pájaro ya, vuela ni reza. El abuelo habla con mis ojos a filo seco. El lleva un clavo de agonía en la sonrisa, yo la ceniza del quelonio que va a lo oscuro. Siento la ausencia de la palabra madre: la quietud de mis hogueras ahogadas. [...] Donde arraigue el grito del can blasfemo, el viento resolverá el enigma del fondo del jardín. 13:30 [Madera seca: pinos, puertas y ataúdes]. Tomo el vaso vacío y bebo. Ensancho un poco más el vaso y me bebo. Falacias de formas sobre los estambres de la fiebre atan el paladar a la palabra hambre. Conducirme, ¿adónde? —me pregunto—, observando la miseria del gromo, perdido como estoy entre los nudos negros. 14:21 El sol cae como una condena sobre mí. El sol es la sombra vertical de un tucán eléctrico que besa algo casi vivo: mis ojos. La voz atraviesa las heridas. Las plañideras atraviesan el cerebro. Blasfemia es palabra saxífraga. La campana sigue torpemente viva en los labios. Las fechas brincan como diablos por la cabeza. **14:34** Escribir: diluirme en una sílaba azul Giotto que gira y gira en el cerebro como el frío veneno de la escolopendra. Escribir: *La tortuga sin ojos es una piedra con el corazón abierto, pasando frío. Los hospitales curan palabras salvajes. Un hijo muerto de sueño.* **14:42** [Claridad diurna. Hiato de conciencia]. [...] Los amigos temen por mí. Melodías exiguas orlan el temblor de la palabra nieve. **14:55** ¿Quién sueña? ¿Y quién vibra? ¿Y quién pende del cuerpo ofendido? [...] La imposibilidad es el paisaje que aguarda: la forma del dragón participa del vuelo del cisne adivinado. **15:00** [Toma de Tegretol]. Siento el resplandor purísimo de los cuellos de las cariátides. El juego de las vocales derramadas triza el escote de Tueris. Así es mi cuerpo: ¡deseo e imposibilidad! Un cisne arrastra la copia de los secretos por la cama. El miedo amplifica el cielo y unce las cruces. **15:19** ¡Esa niña es tan hermosa como una zarracina de olas! Ante ella se ahogan por igual los libros y el jardín y todas las fotografías de casa rolan hacia la palabra sepia.

Otras niñas —Perséfone, Melusina—, alzan los brazos. Y todo florece. El narciso en la gavia, las bóvedas, los relatos y el bosque. 15:25 [La boca violenta, el irregular flujo de palabras, la flaqueza]. Hay cielos con puertas cerradas a mares secos y críos que corren la palabra hambre, comen balas y desean morir. El río vale más que cualquier flauta y la flauta mucho más que toda la moral del Estado. Discrepancias después, contemplando la parra hasta las vides negras. 16:00 Hacia el principio, grandes grúas desmoronadas entre homéricos paisajes de dos soles. Al norte, un lento temblor en hilera de estrellas va susurrando la irregular senda de chopos. Sinfonías de luces aradas por sílabas amnésicas vienen desde entonces hurtando la música. ¡A mí! ¡Ay, débil palomo! ¡Inútil con tanta ala! 17:13 [Mar de fondo. Aroma a lino argivo]. Un río cose el puerto al pie de la cama. Recuerdo las velas plegadas antes de la partida. El orden exacto de los astros aquella noche. [...] La luz se apretaba a la palabra deseo y mantenía pegados entre ambos máscara y rostro. 17:20 [*Vulnerant omnes, ultima necat*. Visión uncinada]. La tarde silba en la hendija de la palabra pecho la cama deshecha por el aroma de la palabra nardo. Las sílabas de la palabra sierpe rodean las corvas de las diosas de Nínive. Despierto con un anzuelo prendido al labio. No se ve, pero duele. **17:52** Hablo lento, midiendo las distancias dentro de mí mismo. Hay caminos de sobra para perderse. [...] Demasiados enemigos viven ahí dentro. **18:02** [Afasia y dolor hasta la llaga y los peines tristes]. El mundo fue durante horas soga de sombras colgadas al ojo: memorial y descenso. Noto el polvo de los lirios plantados en las esquinas del cuerpo y el espasmo de la L cuando pronuncias la palabra luz. Imposible borrar el olor a Ducados de esta página. Cuelgo mi cabeza como una lámpara de oro en el Cottolengo. **18:07** Encallar en el sol, solear en viva sombra de membrillos rendidos. Así fue la felicidad antes de la palabra ahora. Silenciosas ideas abren brecha estos días en que todo es atardecer y cuervos del otro. **18:15** [¿Pródromos o aura?] Al final del techo, la palabra frío aleja todo lo que sostiene al ojo. Los aviones atraviesan este espanto sin fe en el aterrizaje. Saco la caja de cromos de Panini. Busco bisontes y ornitorrincos en la más apartada línea de paisajes. **18:32** [Penumbra, obtusa imagen del ángel. Alfilerazo]. La corriente del drama —inalterable y distinta— muda la perspectiva del cuerpo en la cama. Mantegna pinta la verdad del cuerpo. Gruesísimas palomas suicidas cubren, con sus picos, la luz. **18:40** Más secreto que el oro, más oscuro que la noche, es el color del hambre. **19:10** Surge de mis labios el hastío de los ángeles alcohólicos, el intraducible amargor del presentimiento y el cuidado con que aprendí a escribir en cada pared la inclinación de la palabra *onda*: arpa pulsada por los ríos, insoportable cuando abundante fluye. **19:21** [Cartas marcadas, papeles sin márgenes. Lloro frente a la lámpara hasta hacerla llorar]. [...] La mano del Cristo de Bramante esconde un lingote de oro. Las cortinas del salón confunden las rutas de los grandes navíos. **19:33** Algo aquí desde siempre: el lorito atrapado en su jaula. Ese lorito de un verde mojado, de un color casi vivo que crece en los ojos con los carismas de la palabra rana. Y también los piel roja. Y también el miedo. Y esa voz que se alzó entre la multitud, ¿era tuya o mía? [...] 19:38 Mamá mueve sin reposo una linterna muda; su amor marca mi nivel de marea. Pasa por el techo una salpicadura de luz libre de interpretaciones, un vaso casi limpio de metáforas. Río arriba ruedan algunas tristísimas columnas, que fueron razón de otro reino. Que es reino de nada. 19:41 La tarde siembra ruidos con rabia hemofílica. La decisión extiende la mano en todos los sentidos; roza tus dedos. El alcohol lame los antiguos rostros de la ciudad. *La muerte va llegando* —pienso—, *pero por piezas.* **19:55** [*Déjà vécu*, el ruido de las agujas en el electro traduce el dolor de la montaña, el valle y la fosa]. Atravieso el tímpano del águila de fuego. Escucho con sus ojos el ascenso de la palabra noche, la sombra de la liebre cazada y el ruido de huesos de los primeros planetas. [...] **20:00** Aún trabajan en mí todos los vermes de la belleza. **20:07** [Amorfa *imago mundi*, aura]. [...] El tirano continúa sin hablar. El ocaso guarda la semilla de la palabra belleza en la boca de la palabra verme. La palabra humanidad es una *matrioshka* de sombras. Cielo nocturno con frágiles hormigas carnívoras me mira de ti a ti hasta romperme el ojo. **20:12** El lorito sigue construyendo su jaula. El lorito sigue creciendo dentro de su jaula. Me mira, ríe y calla. Posee un exceso de celo su desprecio. [...] **20:27** Pierdo el pelo. Piso el pelo. Siento el frío de las lunas raquíticas, el zuñir de la ortiga en las sábanas y el tañer de la úlcera en la luz. [...] Indecibles líneas de agonía dejan de hablar. Las hogueras se ahogan con los ruegos de las estrellas mansas. **20:33** [La tristeza: perdedora de rostros. Intenso olor a gaulteria y fuga de nombres]. Recorro un campo de espigas

negrísimas. Alguna palabra entra en mí para tu-
tear a la noche. ¿Estoy vivo? Seguro, aún estoy
vivo. Veo la hechura de un fuego salvaje atravesar
como un salmo los ojos del vigía. Hace tanto ca-
lor dentro de mí, que las nubes se arrastran en
diálogo de cifras, y cada hora es la sílaba de un
dios asmático. [...] Otros ojos se acercan a la
cama en mengua de risas. Un viejo sonríe y cie-
rra el cielo. **20:47** El viejo —¿quién? [...]— es
puntuación, ritmo y soga. **21:00** [Provisión de
luz]. La transparencia hiere a la palabra cerebro.
Hubo un ángel en pie velando la puerta; *agora só
queda un iambo que ule mal.* Tiemblo hasta caer en

un sueño donde sólo me pueden oír los muertos. 21:07 No puede ser, pero sea. 21:15 [Barcas golpeadas, cisnes a la deriva]. Descansan sobre mí partes de alas demasiado ligeras para volar. Retiro las notas de la mesa. Ceno algo de este pan duro llamado presente. 21:24 El viejo me mira como soberano de nadie. Él conoce la oscuridad en la memoria de las medusas y el color del pájaro que canta detrás de mi rostro. [...] Estoy fuera de mí, donde una vez fue vista la tormenta. Hay aves ancladas al paladar del ángel. El arrullo de una mosca enferma crea la noche. ¡Padre, escóndeme! ¡Escóndeme en tu sexo! ¡No te detengas!

¡Ni me dejes caer! ¡Sostén mi carne! ¡La dorada! ¡La dividida! 21:47 [La concreción, el eclipse]. [...] La maestra lleva un bulbillo de vinagre con el que me borra el rostro. Cruje una puerta mal cerrada en el cerebro. Es blanca como la luna de los suicidas o la tercera sílaba de la palabra nieve. 21:54 Hogar abandonado, sincopada luz del deshabitar: desborda la forma que limita. Juego con la rosada cicatriz del ojo hasta la matriz de las estrellas mansas. El rostro de mamá parece un jilguero más allá del paisaje. ¿Quién alzó esta redonda imagen del jardín? ¿Desde dónde se proyecta tanta belleza? [...] 22:03 Antes de que la hoz me cautivase, las glicinas ya gozaban de un hermoso azul canalla. Labios río arriba; río abajo rosa el silencio. Permanezco tan quieto que sólo me mueve la pequeña epilepsia de este espejo y una estrella garla al fondo del pecho como la mano de un buey ciego que ardiese hacia fuera. **22:10** Bajo la orgía de las hormigas, brotes de ti: bordes duros de la palabra piedra. La trucha tiembla bajo la luz de las estrellas mansas. Las agujas crean el abrazo de la palabra noche. **22:17** Espejo: misterio habitado por otro cuerpo. El amor atraviesa, con sus grandes muletas, los significados. Entro dentro de un olor antiquísimo. Estoy soñando antes de la infancia. **22:34** [Toma de Tegretol. Huele a ruda, a salvia seca]. El dolor es absoluto; elocuente como la piedra golpeada por la piedra. **22:41** Soy el pesanieves, el cuentahilos, la luz pintada a pulso en la boca del eunuco y el secreto del cuarto de escobas. La noche es un pájaro inhóspito que vuela al fondo del pecho y la traza que devora los manuscritos de Hornachos. Desnudo entre los cáncamos, escucho el silabar de la sierpe en el serrallo y la miga del llanto tras el chele de la palabra visto. **22:47** [La eternidad no es la forma]. ¡Mamá, corro hacia ti como una lámpara apagada! **22:55**

Pensar por encima de los dedos hasta sentir el peso de la luz. Así recuerdan los charranes las rutas de los grandes navíos. Así avanzan los muertos sobre los anchos campos de carrizo. Abro la ventana y contemplo la luna tatuada en las brasas de la palabra cielo. [...] Dos cuerpos, demasiado débiles, danzan dentro de mí. El mendigo, que tizna el umbral de la página borrada. La madre, que, bajo el manzano epiléptico, guarda la nieve. 23:15 Todo produce dolor: la cuna que arde en los ojos del buey, las escasas sílabas de la palabra cielo. Los huevos de la luna rompen en el techo como turbios espejos de nada. La sombra del

niño suicida cruza, con nueva respiración, las se-
bes. **23:39** Dichoso el que lee, escucha y calla.
23:55 Mi sueño es morir. **00:00** [Alguien ladra.
La eternidad no es la forma]. Reposan, alegres y
vivos en mis ojos, los doce colores del vacío.

Este libro se terminó de imprimir
en enero de 2025

RIL® editores • España

europa@rileditores.com

Se utilizó tecnología de última generación que reduce
el impacto medioambiental, pues ocupa estrictamente el
papel necesario para su producción, y se aplicaron altos
estándares para la gestión y reciclaje de desechos en
toda la cadena de producción.